VIACRUCIS

para acompañar a *Jesús*

Juan Antonio Carrera, SSP

VIACRUCIS
para acompañar a Jesús

SAN PABLO

© SAN PABLO 2026
   Protasio Gómez, 11-15. 28027 Madrid
   Tel. 917 425 113
   secretaria.edit@sanpablo.es-www.sanpablo.es
© Juan Antonio Carrera Páramo, SSP, 2026
© Imágenes de Shutterstock 2026

Distribución: SAN PABLO. División Comercial
Resina, 1. 28021 Madrid
Tel. 917 987 375
ventas@sanpablo.es
ISBN: 978-84-285-7501-0
Depósito legal: M. 3.364-2026
Impreso en Artes Gráficas Gar.Vi. 28970 Humanes (Madrid)
Printed in Spain. Impreso en España

Introducción

El Viacrucis, una práctica devocional promovida y bendecida por la Iglesia, ha hecho mucho bien a generaciones de creyentes que, desde la Edad Media, se han acercado con dolor del corazón a meditar los misterios de la pasión y muerte del Señor. El *Viacrucis para acompañar a Jesús* en el camino de la Cruz es un piadoso ejercicio eminentemente español. En efecto, fue el beato dominico Álvaro de Córdoba (1360-1430) el primero en introducirlo, en España y en Europa, a comienzos del siglo XV. Tras una peregrinación a Tierra Santa recreó –en el convento dominico de *Scala Coeli,* en la sierra cordobesa– las distintas estaciones que simulaban el camino del Calvario, sentando así las bases de la devoción moderna del Viacrucis, que posteriormente promovieron y popularizaron los franciscanos.

El Viacrucis tradicional comprende catorce estaciones, sin embargo Juan Pablo II popularizó añadir una decimoquinta estación, concluyendo con la resurrección de Jesús. Ordinariamente –en la mayoría de los casos– se recorren procesionalmente las quince estaciones, deteniéndonos ante la representación icónica de cada una para meditar sobre el evento representado, reflexionando sobre cómo se relaciona el sufrimiento de Jesús con el dolor y los desafíos del mundo actual y de la propia vida.

El recorrido por los hitos estelares de la pasión del Señor nos ayuda a adentrarnos en su misterioso camino hacia el Calvario, admirando la infinitud de su amor por toda la humanidad y por cada uno de nosotros. Al mismo tiempo, nos invita a responder con amor a su entrega generosa, renovando y fortaleciendo nuestra fraternidad, amando y sirviendo a nuestros hermanos, especialmente a los que más nos necesitan.

El beato Santiago Alberione (1884-1971), apóstol de la comunicación social y fundador de la Familia Paulina, nos dejó a los paulinos y paulinas la misión de «anunciar la palabra de Dios a los hombres de hoy con los medios de hoy», recordándonos que «todas las devociones están ordenadas a la única y auténtica devoción: la adhesión a Jesucristo, camino, verdad y vida. Las diversas prácticas y devociones son medios para vivir en Jesucristo; y por él, con él y en él, dar gloria a Dios». El ejercicio del Viacrucis es una de las prácticas devocionales que el padre Alberione inculcó que se celebrase, especialmente durante el tiempo de Cuaresma.

Sevilla, 26 de noviembre de 2025,
fiesta del beato Santiago Alberione

P. JUAN ANTONIO CARRERA, SSP

Viacrucis
para acompañar a Jesús
en el camino de la Cruz

V. Por la señal de la santa cruz,
de nuestros enemigos líbranos,
Señor, Dios nuestro.
En el nombre del Padre y del Hijo
y del Espíritu Santo.
R. Amén.

V. Dios mío, ven en mi auxilio.
R. Señor, date prisa en socorrerme.

V. Te saludamos, oh cruz santa,
que llevaste al Redentor.
R. Gloria, alabanza y honor canten
lengua y corazón.

V. Gloria al Padre y al Hijo y al Espíritu Santo.
R. Como era en el principio, ahora y siempre,
por los siglos de los siglos. Amén.

Jesús es condenado a muerte

V. Te adoramos, Cristo, y te bendecimos.
R. Porque por tu santa cruz redimiste al mundo.

> *Pilato, queriendo satisfacer a la gente, les puso en libertad a Barrabás y les entregó a Jesús, para que lo azotaran y lo crucificaran* (Mc 15,15).

Jesús se encuentra totalmente solo ante el poder de este mundo, sometiéndose hasta el final a la justicia de los hombres. Pilato, el procurador romano, está ante un misterio que no termina de comprender. Se interroga y pide explicaciones. Busca una solución y posiblemente llega hasta el umbral de la verdad, pero decide no cruzarlo.

La muchedumbre quiere la justicia de la tierra, pero la justicia de Jesús no se cumple con una revolución: pasa a través del escándalo de la cruz. Jesús desbarata cualquier plan de liberación porque toma sobre sí el mal del mundo y no responde al mal con el mal. Y esto los hombres no lo entienden. No comprenden que la justicia de Dios pueda derivarse de una derrota del hombre.

V. Señor, pequé.
R. Ten piedad de mí.

Padrenuestro...

Jesús con la cruz a cuestas

V. Te adoramos, Cristo, y te bendecimos.
R. Porque por tu santa cruz redimiste al mundo.

Los soldados, después de haberse burlado de Jesús, le quitaron la túnica, le pusieron sus ropas y lo llevaron a crucificar (Mc 15,20).

Jesús cargó una cruz muy pesada sobre su hombro herido; sin embargo, el peso de la cruz son los pecados de los hombres. El miedo ha emitido la sentencia, pero no puede desvelarse y se esconde detrás de las actitudes del mundo: escarnio, humillación, violencia y burla. Ahora Jesús está revestido con sus ropas, con su sola humanidad, dolorosa y sangrante, sin púrpura ni ningún signo de su divinidad.

Así lo presenta Pilato: «*Ecce homo*. ¡Aquí tenéis al hombre!». Esta es la condición de todo el que se pone a seguir a Jesús. Los cristianos no debemos buscar el aplauso del mundo o la aprobación de la calle, ni adular, ni mentir para conquistar el poder. Los cristianos debemos aceptar el escarnio y la humillación a causa del amor y de la verdad.

V. Señor, pequé.
R. Ten piedad de mí.

Padrenuestro...

Jesús cae, por primera vez, bajo el peso de la cruz

V. Te adoramos, Cristo, y te bendecimos.
R. Porque por tu santa cruz redimiste al mundo.

Era maltratado, y no se resistía ni abría la boca; como cordero llevado al matadero, como oveja ante sus esquiladores (Is 53,7).

Jesús cae para redimirnos, para ayudarnos a levantarnos de nuestras caídas diarias. Jesús es el Cordero, predicho por el profeta Isaías, que ha cargado sobre sus hombros el pecado de toda la humanidad. Jesús se ha hecho cargo de la debilidad del amado, de sus dolores y delitos, de sus iniquidades y maldiciones.

Hemos llegado al punto extremo de la encarnación del Verbo. Pero hay un punto aún más bajo: Jesús cae bajo el peso de esta cruz. ¡Un Dios que cae! En esta caída Jesús da sentido al sufrimiento de los hombres. Hay sufrimientos que parecen negar el amor de Dios. ¿Dónde está Dios en las pateras que se hunden en los mares? Náufrago entre los náufragos. Dios se hace cargo de todo. Un Dios que por amor renuncia a mostrar su omnipotencia.

V. Señor, pequé.
R. Ten piedad de mí.

Padrenuestro...

Jesús se encuentra con su Madre

V. Te adoramos, Cristo, y te bendecimos.
R. Porque por tu santa cruz redimiste al mundo.

*Jesús fue con ellos a Nazaret, y les estaba sumiso.
Su madre guardaba todas estas cosas en su corazón*
(Lc 2,51).

Dios ha querido que la vida venga al mundo a través de los dolores del parto, a través del sufrimiento de una madre que da la vida al mundo. Todos necesitamos una Madre, también Dios. El Verbo se hizo carne en el seno de una virgen. María lo acogió y dio a luz en Belén, lo envolvió en pañales, lo protegió, le hizo crecer con el calor de su amor y lo acompañó hasta que llegó su hora.

Ahora, a los pies del Calvario, se cumple la profecía de Simeón: una espada le atraviesa el corazón. María ve al Hijo desfigurado bajo el peso de la cruz. Ojos dolorosos, los de la Madre, partícipe hasta el extremo en el dolor del Hijo, pero también ojos llenos de esperanza, pues desde el día de su sí al anuncio del ángel no han dejado de reflejar esa luz divina que brilla también en este día de sufrimiento.

V. Señor, pequé.
R. Ten piedad de mí.

Padrenuestro...

El Cirineo ayuda a Jesús a llevar la cruz

V. Te adoramos, Cristo, y te bendecimos.
R. Porque por tu santa cruz redimiste al mundo.

Pasaba por allí un tal Simón de Cirene, que venía del campo, padre de Alejandro y de Rufo, y le obligaron a llevar la cruz de Jesús (Mc 15,21).

A Simón de Cirene, un trabajador que volvía del campo, lo obligan a llevar la cruz. Y la gracia del amor de Cristo, que pasa a través de aquella cruz, actúa en primer lugar en él. El Cirineo, forzado a llevar un peso a regañadientes, llegará a ser discípulo del Señor. Cuando el sufrimiento toca a la puerta nunca es bien recibido. Se presenta como una imposición o como una injusticia y nos puede encontrar desprevenidos.

Una enfermedad puede acabar con nuestros proyectos de vida. Un niño con discapacidad puede perturbar el sueño de una maternidad anhelada. Esa tribulación no buscada llama, sin embargo, con prepotencia al corazón del hombre. ¿Cómo reaccionamos frente al sufrimiento de una persona amada o de quien sufre pero vive lejos de nosotros?

V. Señor, pequé.
R. Ten piedad de mí.

Padrenuestro...

La Verónica enjuga el rostro de Jesús

V. Te adoramos, Cristo, y te bendecimos.
R. Porque por tu santa cruz redimiste al mundo.

Despreciado, desecho de la humanidad, hombre de dolores, avezado al sufrimiento, como uno ante el cual se oculta el rostro, era despreciado y desestimado (Is 53,3).

Entre la agitada multitud que contempla la subida de Jesús al Calvario, aparece Verónica, una mujer sin rostro, sin historia. Y, sin embargo, una mujer valiente, dispuesta a escuchar al Espíritu y seguir sus inspiraciones, capaz de reconocer la gloria del Hijo de Dios en el rostro desfigurado de Jesús y de percibir su invitación: «Vosotros, todos los que pasáis por el camino, mirad y ved si hay dolor como el dolor que me atormenta» (Lam 1,12).

El amor que encarna esta mujer nos deja sin palabras. El amor le da fuerzas para desafiar a los guardias, atravesar la multitud, acercarse al Señor y realizar un gesto de compasión y de fe: detener el flujo de sangre de las heridas, enjugar las lágrimas de dolor, contemplar aquel rostro desfigurado, detrás del cual se esconde el rostro de Dios.

V. Señor, pequé.
R. Ten piedad de mí.

Padrenuestro...

Jesús cae por segunda vez

V. Te adoramos, Cristo, y te bendecimos.
R. Porque por tu santa cruz redimiste al mundo.

Ha sido traspasado por nuestros pecados, triturado por nuestras iniquidades; el castigo, precio de nuestra paz, cae sobre él, y a causa de sus llagas hemos sido curados (Is 53,5).

Jesús cae de nuevo por el peso de la cruz. Una vez más, descubre su humanidad. Es una experiencia de impotencia, de vergüenza ante quienes lo afrentan, de humillación ante quienes habían esperado en él. Nadie quiere caer por tierra y experimentar el fracaso. Los hombres se rebelan con frecuencia contra la idea de no tener poder. Jesús, en cambio, experimenta el tormento de la cruz y la fuerza salvadora de la fe.

Solo Dios puede salvarnos, solo Él puede transformar un signo de muerte en una cruz gloriosa. Si Jesús ha caído en tierra por segunda vez por el peso de nuestros pecados, aceptemos que también nosotros caemos. Reconozcamos que no podemos salvarnos por nosotros mismos, con nuestras propias fuerzas.

V. Señor, pequé.
R. Ten piedad de mí.

Padrenuestro...

Jesús consuela a las mujeres de Jerusalén

V. Te adoramos, Cristo, y te bendecimos.
R. Porque por tu santa cruz redimiste al mundo.

Jesús se volvió hacia las mujeres y les dijo: «Hijas de Jerusalén, no lloréis por mí; llorad por vosotras y por vuestros hijos» (Lc 23,28).

Jesús siente compasión del pueblo que lo seguía y se dirige directamente a las mujeres que le están acompañando en el camino del Calvario. Entonces hace un enérgico llamamiento a la conversión, diciendo: «No lloréis por mí», porque yo estoy haciendo la voluntad del Padre, pero llorad por vosotras por todas las veces que no hacéis la voluntad de Dios.

Es el Cordero de Dios el que habla y que, llevando sobre sus hombros el pecado del mundo, purifica los ojos de estas hijas, que ya se dirigen hacia él, aunque de modo imperfecto. «¿Qué tenemos que hacer?», parece gritar el llanto de estas mujeres delante del inocente. Es la misma pregunta que la multitud le hizo a Juan Bautista y que repiten luego quienes escuchan a Pedro después de Pentecostés.

V. Señor, pequé.
R. Ten piedad de mí.

Padrenuestro...

Jesús cae por tercera vez

V. Te adoramos, Cristo, y te bendecimos.
R. Porque por tu santa cruz redimiste al mundo.

Jesús, teniendo la naturaleza gloriosa de Dios, se anonadó a sí mismo tomando la naturaleza de siervo, haciéndose semejante a los hombres (Flp 2,6-7).

Tercera caída. Más cerca de la crucifixión. Con esta caída el Hijo de Dios experimenta hasta las últimas consecuencias la condición humana, acompañando a la humanidad que sufre. El hombre que cae, y que contempla al Dios que cae, es el hombre que finalmente puede admitir su debilidad e impotencia ya sin temor ni desesperación, precisamente porque también Dios lo ha experimentado en su Hijo.

Es gracias a la misericordia de Dios que se ha abajado hasta este punto, hasta estar tendido en el polvo del camino. Polvo mojado por el sudor de Adán y la sangre de Jesús. Polvo bendecido por las lágrimas de tantos hermanos y hermanas a lo largo de la historia. A este polvo bendito, ultrajado, violado y depredado por el egoísmo humano, el Señor ha reservado su último abrazo.

V. Señor, pequé.
R. Ten piedad de mí.

Padrenuestro...

Jesús es despojado de sus vestiduras

V. Te adoramos, Cristo, y te bendecimos.
R. Porque por tu santa cruz redimiste al mundo.

Lo crucificaron y se repartieron a suertes sus vestidos, a ver qué se llevaría cada uno (Mc 15,24).

A los pies de la cruz, bajo el crucificado y los ladrones que sufren, están los soldados que se disputan las vestiduras de Jesús. La mirada de los soldados es ajena a este sufrimiento y distante de la historia que los rodea. Parece que lo que está sucediendo no les afecta. Mientras el Hijo del Hombre padece los suplicios de la cruz, ellos siguen llevando una vida dominada por las pasiones.

Esta es la gran paradoja de la libertad que Dios ha concedido a sus hijos. Ante la muerte de Jesús, cada hombre puede elegir: o contemplar a Cristo o «echar a suertes». El interés mezquino por las vestiduras no les permite percibir el sentido de aquel cuerpo inerme y despreciado, escarnecido y maltratado, en el que se cumple la voluntad divina de salvación de toda la humanidad.

V. Señor, pequé.
R. Ten piedad de mí.

Padrenuestro...

Jesús es clavado en la cruz

V. Te adoramos, Cristo, y te bendecimos.
R. Porque por tu santa cruz redimiste al mundo.

Uno de los criminales crucificados le insultaba diciendo: «¿No eres tú el mesías? Sálvate a ti mismo y a nosotros» (Lc 23,39).

Jesús está en la cruz, «árbol fecundo y glorioso», «tálamo, trono y altar». Y desde lo alto de este trono, punto de atracción de todo el universo, perdona a quienes lo crucifican «porque no saben lo que hacen». Sobre la cruz de Cristo, «balanza del gran rescate», resplandece una omnipotencia que se despoja, una sabiduría que se abaja hasta la locura, un amor que se ofrece en sacrificio.

A la derecha y a la izquierda de Jesús están los dos malhechores. Estos dos bandidos interpelan el corazón de todo hombre porque muestran dos modos diferentes de estar en la cruz: el primero maldice a Dios y el segundo reconoce a Dios en esa cruz. Es la locura de la cruz, ante la cual toda sabiduría humana desaparece y queda en silencio.

V. Señor, pequé.
R. Ten piedad de mí.

Padrenuestro...

Jesús muere en la cruz

V. Te adoramos, Cristo, y te bendecimos.
R. Porque por tu santa cruz redimiste al mundo.

Jesús, lanzando un gran grito, expiró. La cortina del templo se rasgó en dos de arriba abajo (Mc 15,37-38).

Al mediodía todo se oscurece, algo totalmente inaudito e imprevisto sobre la tierra, pero que no pertenece solo a la tierra. El hombre mata a Dios. El Hijo de Dios ha sido crucificado como un bandido. Jesús se dirige al Padre gritando las primeras palabras del Salmo 22: «Dios mío, Dios mío, ¿por qué me has abandonado?». Es el grito del sufrimiento y de la desolación, pero también el grito de la completa «confianza de la victoria divina» y de la «certeza de la gloria».

El grito de Jesús es el grito de todo crucificado en la historia, del abandonado y del humillado, del mártir y del profeta, del calumniado y del condenado injustamente, de quien sufre el exilio o la cárcel. Es el grito de la desesperación humana que desemboca, sin embargo, en la victoria de la fe que transforma la muerte en vida eterna.

V. Señor, pequé.
R. Ten piedad de mí.

Padrenuestro...

Jesús es bajado de la cruz

V. Te adoramos, Cristo, y te bendecimos.
R. Porque por tu santa cruz redimiste al mundo.

José de Arimatea, insigne miembro del tribunal supremo, que esperaba también el reino de Dios, se atrevió a ir a Pilato a pedirle el cuerpo de Jesús (Mc 15,43).

El silencio, la sencillez y la sobriedad con los que José de Arimatea se acerca al cuerpo de Jesús contrastan con la ostentación, la banalización y la fastuosidad de los funerales de los poderosos de este mundo. Su testimonio nos recuerda, en cambio, a todos aquellos cristianos que siguen arriesgando su propia vida.

¿Quién podía recibir el cuerpo sin vida de Jesús más que aquella que le había dado la vida? Podemos imaginar los sentimientos de María cuando lo recibe en sus brazos; ella, que creyó en las palabras del ángel y guardaba todo en su corazón. María, mientras abraza a su hijo exánime, repite de nuevo su *«fiat»*. Es el drama y la prueba de la fe. Ninguna criatura lo ha sufrido tanto como María, la madre que al pie de la cruz nos ha engendrado a la fe.

V. Señor, pequé.
R. Ten piedad de mí.

Padrenuestro...

Jesús es puesto en el sepulcro

V. Te adoramos, Cristo, y te bendecimos.
R. Porque por tu santa cruz redimiste al mundo.

> *José de Arimatea tomó el cuerpo de Jesús, lo envolvió en una sábana limpia y lo depositó en su propio sepulcro nuevo, que había hecho excavar en la roca* (Mt 27,59-60).

Mientras José de Arimatea sella la tumba de Jesús, él desciende a los infiernos y abre todas sus puertas de par en par. El hombre, deslumbrado por unas luces que tienen el color de las tinieblas, empujado por las fuerzas del mal, hizo rodar una gran piedra y nos ha encerrado a todos en el sepulcro.

Pareciera que todo ha terminado, pero nosotros sabemos que Él, el Dios humilde, en el silencio en el que nuestra libertad le ha depuesto, está más activo que nunca, generando nueva gracia en las personas que ama. Entremos, pues, en nuestros sepulcros y encendamos de nuevo la llama de nuestro amor en el corazón de todo hombre, en el seno de toda familia, en el camino de cada pueblo. Y que esa nueva luz ilumine siempre todos nuestros actos.

V. Señor, pequé.
R. Ten piedad de mí.

Padrenuestro...

La resurrección de Jesús

V. Te adoramos, Cristo, y te bendecimos.
R. Porque por tu santa cruz redimiste al mundo.

Cristo ha resucitado de entre los muertos como primicia de los que mueren [...]. La muerte ha sido destruida por la victoria (1Cor 15,20.54).

Unas piadosas mujeres fueron al sepulcro de Jesús muy temprano, y el anuncio de la resurrección convierte su tristeza en alegría: «¿Por qué buscáis entre los muertos al que vive? No está aquí, ha resucitado» (Lc 24,5-6). Jesús está vivo y nosotros vivimos en él para siempre.

La resurrección de Cristo inaugura para la humanidad una renovada primavera de esperanza: «En la tarde de aquel día, el primero de la semana, y estando los discípulos con las puertas cerradas por miedo a los judíos, llegó Jesús, se puso en medio y les dijo: "¡La paz esté con vosotros!". Y les enseñó las manos y el costado. Los discípulos se llenaron de alegría al ver al Señor. Él repitió: "¡La paz esté con vosotros! Como el Padre me envió a mí, así os envío yo a vosotros"» (Jn 20,19-21).

V. Señor, pequé.
R. Ten piedad de mí.

Padrenuestro, Avemaría y Gloria por las intenciones del Papa.

Oración final

V. Oremos:

Te suplicamos, Señor,
por intercesión de la Santísima Virgen de los Dolores,
que ella nos mire cargando la cruz
de nuestros sufrimientos y nos acompañe
como acompañó a su Hijo camino del Calvario.

Ayúdanos a sufrir con amor y esperanza
para que nuestros dolores sean dolores redentores
que se conviertan en un gran bien
para la salvación de las almas.
Por Jesucristo, nuestro Señor.

R. Amén.

Padrenuestro

V. Padre nuestro que estás en el cielo,
santificado sea tu nombre,
venga a nosotros tu Reino,
hágase tu voluntad en la tierra como en el cielo.

R. Danos hoy nuestro pan de cada día,
perdona nuestras ofensas

como también nosotros perdonamos
a los que nos ofenden.
No nos dejes caer en la tentación,
y líbranos del mal. Amén.

Avemaría

V. Dios te salve, María,
llena eres de gracia;
el Señor es contigo.
Bendita tú eres entre todas las mujeres,
y bendito es el fruto de tu vientre, Jesús.

R. Santa María, Madre de Dios,
ruega por nosotros, pecadores,
ahora y en la hora
de nuestra muerte. Amén.

Gloria al Padre

V. Gloria al Padre y al Hijo
y al Espíritu Santo.

R. Como era en el principio, ahora y siempre,
por los siglos de los siglos. Amén.

Salve, Madre, en la tierra de tus amores

Salve, Madre, en la tierra de tus amores
te saludan los cantos que alza el amor.
Reina de nuestras almas, flor de las flores,
muestra aquí de tu gloria los resplandores;
que en el cielo tan solo te aman mejor.

Reina, aquí todo es tuyo; tu gloria y hermosura
bendicen hoy tus hijos en cántico triunfal.
El sol de nuestro cielo con tu esplendor fulgura,
y aquí, Madre, las almas olvidan su amargura
para entonarte el himno del amor inmortal.

Virgen santa, Virgen pura,
vida, esperanza y dulzura,
del alma que en ti confía;
Madre de Dios, Madre mía,
mientras mi vida alentare,
todo mi amor para ti;
mas si mi amor te olvidare,
Madre mía, Madre mía,
aunque mi amor te olvidare,
tú no te olvides de mí.

Las siete palabras
de Jesús en la cruz

Después de acompañar a Jesús por la vía dolorosa, con sus sufrimientos y angustias, nos unimos en su pasión a la hora nona, cuando las tinieblas invaden el mundo y todo parece terminar en desolación, terror y abandono. Es en ese momento cuando aquel que cuelga del madero pronuncia siete frases desgarradoras en su lecho de muerte, una especie de testamento espiritual que nos invita a la reflexión y la meditación de la hora final.

Las «siete palabras» –como comúnmente se conoce– se presentan como una situación por la que, inevitablemente pasa, en un momento u otro de la existencia, todo aquel que cree en Jesucristo. Son como una profecía-cumplimiento del Antiguo Testamento: «Sabiendo que todo se había consumado, para que se cumpliera la Escritura» (Jn 19,28), y es la invitación a acompañar a Cristo en su muerte, para poder renacer con él en su resurrección, sepultando al hombre viejo, del que habla san Pablo, para revestirnos del hombre nuevo.

Primera palabra: «Padre, perdónalos, porque no saben lo que hacen» (Lc 23,34)

Jesús abre y cierra su testamento espiritual invocando a su Padre del cielo, es decir, todo el relato de la pasión del Señor es un diálogo profundo entre el Hijo que se entrega y el Padre que entrega a su único Hijo, y que está marcado por la expresión *Abbá*, palabra aramea que denota la cercanía y el cariño de los niños judíos por sus padres.

Oremos: *Querido Padre, por la agonía de tu Hijo en la cruz, ten misericordia de nosotros y concédenos tu perdón. Amén.*

Segunda palabra: «En verdad te digo, hoy estarás conmigo en el paraíso» (Lc 23,43)

El evangelista Lucas narra que «cuando llegaron al lugar llamado Calvario, crucificaron allí a Jesús y a dos criminales, uno a la derecha y otro a la izquierda». Uno insulta y se burla; en cambio el otro sabe reconocer su culpa y reclama para sí las promesas del Señor: «Acuérdate de mí cuando vengas como rey» (Lc 23,42). La respuesta de Jesús es el pase inmediato al cielo: «Te aseguro que hoy estarás conmigo en el paraíso» (Lc 23,43).

Oremos: *Oh Jesús, ven en auxilio nuestro en el momento de nuestra muerte y llévanos a gozar del paraíso prometido al buen ladrón arrepentido. Amén.*

Tercera palabra: «Mujer, ahí tienes a tu hijo». Luego dijo al discípulo: «Ahí tienes a tu madre» (Jn 19,26-27)

La escena de la madre y el discípulo pondría fin a las Escrituras y, sin embargo, lo que en realidad ocurre es el cumplimiento de las mismas. San Juan, al recibir a María como madre, no la recibe como una cosa más entre las suyas, sino en su casa, cuya traducción más exacta sería: la acogió como un don precioso, como una gracia, como una de las cosas más íntimas.

Oremos: *Madre del dolor y de la esperanza, madre del consuelo, acógenos en tu seno como acogiste al apóstol Juan en el Calvario.*

Cuarta palabra: «Dios mío, Dios mío, ¿por qué me has abandonado?» (Mc 15,34; Mt 27,46)

No es difícil notar que estas palabras corresponden al Salmo 22 que habría rezado Jesús desde la cruz. Él es, por tanto, el santo inocente, que clama con confianza y al que Dios le responde con la resurrección. Jesucristo es la respuesta de Dios, que escucha atento nuestros clamores y nos libera.

Oremos: *Dios mío, Dios mío, hoy tengo certeza de que no me abandonas, siempre estás conmigo. Que pueda confiar en tu palabra de Padre y liberarme de las cadenas del pecado.*

Quinta palabra: «Tengo sed» (Jn 19,28)

Jesús es un mendigo de agua. «Dame de beber», le dice a la samaritana junto al pozo de Sicar. La sed de Cristo en la cruz hay que interpretarla como expresión de dos tipos de necesidad: una sed fisiológica y otra en sentido alegórico, como la sed espiritual de Cristo de consumar la redención para la salvación de todos.

Oremos: *Oh, Señor, tengo sed de ti. Sacia mi alma del manantial de tu amor y de tu misericordia en la hora de la angustia y la desolación.*

Sexta palabra: «Todo está cumplido» (Jn 19,30)

Esta palabra pone de manifiesto que Jesús era consciente de haber cumplido hasta el último detalle de su misión redentora y la culminación del programa de su vida: cumplir la Escritura haciendo siempre la voluntad del Padre. Más que una palabra de agonía, es de victoria: «Todo está cumplido». No es una expresión de algo que se acaba, sino de algo que comienza, de algo nuevo.

Oremos: *Que se cumplan en mí tus promesas, Señor, para contemplarte cara a cara en el día final. Amén.*

Séptima palabra: «Padre, en tus manos encomiendo mi espíritu» (Lc 23,46)

Es una invocación abierta a un acto de extrema y suprema confianza en un Dios que lo perdona todo: «Padre, perdónalos» (Lc 23,34). Y es un grito en el que la presencia de Dios se hace manifiesta en la muerte de Jesús. A esta luz, la muerte no es una derrota, un precipitarse en el abismo, sino un abrazo; no es un sinsentido, sino fiarse de un proyecto superior.

Oremos: *Padre, en tus manos encomiendo mi mente, mi voluntad y mi corazón, en una palabra, todo mi ser: transfórmalo para que yo pueda expresar con san Pablo: «Ya no vivo yo, pues es Cristo el que vive en mí» (Gál 2,20). Amén.*

Índice